Andrea Tillmanns

Aachener Ansichten

Andrea Tillmanns

Aachener Ansichten

Eine lyrische Reise
durch Aachen und Umgebung

FSC
www.fsc.org
MIX
Papier aus verantwortungsvollen Quellen
Paper from responsible sources
FSC® C105338

Bibliografische Information der Deutschen Nationalbibliothek: Die Deutsche Nationalbibliothek verzeichnet diese Publikation in der Deutschen Nationalbibliografie; detaillierte bibliografische Daten sind im Internet über dnb.dnb.de abrufbar.

Dritte, überarbeitete und erweiterte Auflage
Titelfoto: St. Foillan, Aachen
www.andreatillmanns.de

Verlag: BoD · Books on Demand GmbH, Überseering 33,
22297 Hamburg, bod@bod.de
Druck: Libri Plureos GmbH, Friedensallee 273,
22763 Hamburg

ISBN: 978-3-7693-5601-4

Vorwort

Kostbarkeiten gibt es viele zu entdecken in Aachen und Umgebung – natürlich gewachsene, aber auch von Menschenhand geschaffene; große und kleine, die man aus der Ferne sieht oder verborgen am Wegrand findet.
Einige dieser *Aachener Ansichten* sind in dem vorliegenden Buch zusammengestellt.

In dieser Zeit
als das eine oder andere
Jahrhundert noch jung war
und die Wälder schwarz und hoch
dem Dorf trotzten: da gab es hier
eine Frau die
silberne Legenden webte.

Welches ist dein Thema
fragte sie vielleicht
oder nach deinem Traum
zur dritten Stunde oder
Zahlst du in Kupfer oder Gold
und sah von ihrem Webstuhl
niemals auf.

Oh, sagst du, so also
war ich damals, und so
das Leben. und rückwärts
Schritt für Schritt in deinen Spuren
folgst du den Pfaden zu
verwehten Zielen, Fährtenversucher
zu dieser Zeit.

Gut Kaisersruh, Würselen

malerin vielleicht
müsste man sein.

den farben lauschen
wenn sie
ihren platz auf der leinwand suchen:

genug aktivität
für diesen morgen.

Lupinen am Blausteinsee, Eschweiler

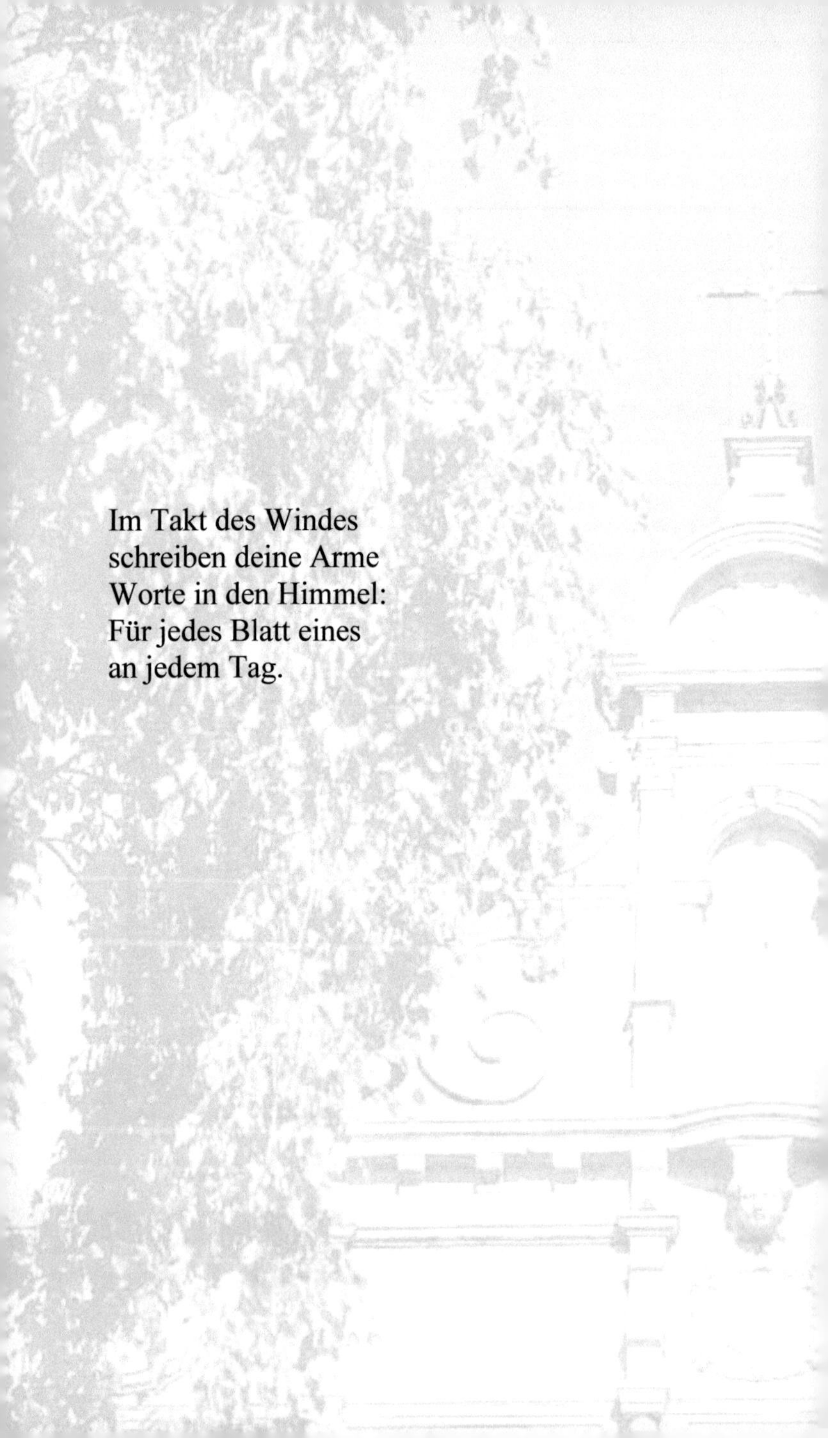

Im Takt des Windes
schreiben deine Arme
Worte in den Himmel:
Für jedes Blatt eines
an jedem Tag.

Michaelskirche, Aachen

Frühes Wollgrasfeld:
weißer Flickenteppich
auf blaugrünem Moor

Wollgras, Hohes Venn bei Botrange

irgendwo dazwischen ich
zwischen den Buchstaben
eingezwängt von Ober-
und Unterlängen
weiche ich den Hindernissen aus
suche meinen Weg
durch die Zeilen
einer Geschichte
von der ich nicht weiß
wie viel Spielräume
sie mir lässt
(manche sind nur
mit Löwenherzen
zu sehen)

Haus Löwenstein, Aachener Markt

dieser winter
malt sterne in den see

pflückst du mich
aus zitternden ästen
lasse ich die raben ziehen

dieser winter
kostet mich nur ein lächeln

Stauanlage Kupferbach, Aachen-Steinebrück

Frühlingsbeginn

Am efeubewachten Mauerfuß
schimmert schwarz-braun geschuppt
das Tier in der Sonne.
Eidechsenflecken durcheilen Sonnensprenkel
zwischen stetem Grün
und verharren erneut:
In der Luft liegt schon
das Versprechen von Wärme.

Burg Alsdorf

Wenn ich dich sehe
wird der Fluss der Zeit ruhig
mein Atmen leicht
und die Achse der Welt unter meinen Füßen

Wenn ich dich sehe
tragen Grillen ein Ständchen vor
Blumen ihren Duft in meine Nase
und ein Schmetterling tanzt dazu

Wenn ich dich sehe
ist jedes Wort unzureichend
Schweigen zu wenig
doch mein Herz findet seinen Takt

So sage ich nur:
Wo bist du so lange gewesen?

Ich kenne dich schon immer,
und deinen Namen
werde ich noch früh genug erfahren.

Park des Alten Klinikums, Aachen-Burtscheid

Inmitten einer rastlosen Landschaft
ruht das Haus.

Wo der Weg sich aufbäumt,
von Bäumen erdrückt und
wolkenumschlungen

verharrt das Haus
in zerwirbelter Welt.

Ostfriedhof, Aachen

als ich sagte
wir hätten noch nie
gemeinsam
einen sonnenuntergang
betrachtet
vergaß ich ganz
dir zu danken
für den
jeden tag neuen
sonnenaufgang

Sonnenuntergang in Würselen

Rufer im Winterwald:
Ungerührt schütteln die kahlen Äste
deine lautlose Frage ab,
kein Echo antwortet dir schweigend,
doch atemlos suchst du dich weiter –
Wanderer in müden Schuhen.

Kasteel Hoensbrook, Gemeinde Heerlen

Sommer

träge schweigt
dein flirrender Atem durch
diese langsamen Stunden des Mittags

selbst die Vögel halten inne
und lauschen der vielsprachigen Stille

libellendurchflogen stockt die Luft auf dem See

Wurmsee, Aachen-Haaren

die Wiese wärmt unsere Rücken
mit dem Licht des Tages, während wir
in den Himmel tauchen:
sieh dort den Drachen, komm ihm
nicht zu nahe Liebster, bitte
Pegasus um einen Vers,
folge dem Delphin, lass Adler
und Schwan vorüberziehen,
nur meine Hand nicht los:
so wandern wir zwei
zwischen sommerlichen Sternen

Aachen, Im Hof

Kiefer im Aachener Stadtwald

einsam
muss es sein, dort zu stehen
zwischen all den weit überragten Brüdern.

längst
kahl geworden, dünn der Bart,
der Rücken gebeugt unter drückenden Jahren.

doch weit
reicht dein Blick, manchmal fast bis morgen,
Dryade – Wächter des Waldes.

Aachener Stadtwald

Frühling

Die watteweißen Decken auf der Erde
schon lange geschmolzen,
versinken unsere Schritte
zwischen buntgetupftem Gras:
Leis schlüpft der erste Falter
in meinen Bauch zurück
und taumelt dort ein wenig umher
bis deine Hand mich hält –
nicht für immer
doch jedes Jahr neu.

St. Lucia, Stolberg

ehe ich die Tür aufschließe
lausche ich manchmal
auf den Herzschlag des Hauses,
das Ticken dieser oder jener Uhr,
das Knarren des Daches im Wind,
seine schweigende Erwartung.

dann öffne ich die Tür
und folge seinem Atem
über die Schwelle.

Postwagen, Aachen

Alleine das Rot
ist eine Erzählung wert:
von der Sonne, die die Sekunden
zwischen Licht und Schlaf bewacht;
oder das Orange daneben: wenn sie am Morgen
sich meergeboren erhebt
und klaglos am Abend
in die Hügel bettet, jede Minute
von einem anderen Blatt erinnert;
und das langsame Gelb:
das die Stunden zählt,
jede einzig, doch von fern jede gleich.
Und schließlich das Grün: Beginn
einer anderen Geschichte,
von jedem Jahr anders erzählt.

Herbst in der Eifel

der dort oben steht
auf der schmalen Brücke
mit dem Rücken zu mir,
die Arme auf das Geländer gestützt
gleich neben seinem Fahrrad:
und vielleicht den Autos folgt,
nur in Gedanken, natürlich,
und dann wohl wieder
nach einigen Minuten
auf sein Fahrrad steigt
und weiterradelt.

Jülicher Straße, Aachen

Steine gibt es
die sind von außen ganz unscheinbar,
mit einer rauen und grauen und
– vielleicht –
ein wenig gesprenkelten Kruste,
die den kostbaren Schimmer im Innern
felsen-fest umschließt.

Alte Abtei Kornelimünster

Nur zögernd
streifen sie
den weißen Tarnumhang
von den Ästen, während
dein Weg vorübergleitet:
betagte Wächter
vor schweigenden Feldern

Aachen-Frohnrath

Momente gibt es –
die rote Ampel vor dir,
leiser Nieselregen,
Warten auf den Farbwechsel;
zwei Paare,
eines von links,
eines von rechts,
die sich in der Mitte treffen
und stehenbleiben,
reden, lachen,
im Wissen um den unaufhaltsamen Abschied;
der Ärger im Gesicht
deines Hintermannes,
der bereits
die vermutliche Verzögerung kalkuliert;
und ohne darüber nachzudenken,
drehst du deine Musik lauter,
lässt Bocelli ein Abschiedslied singen
nur für diese Fremden,
die dich
für den lächelnden Moment eines
vierfachen Augen-Blickes mit einbeziehen –
die Fahrt wirst du vergessen,
das Ziel und den Zweck.
Vielleicht wird das Lächeln bleiben.

Zitadelle Jülich

Blaue Stunde

Wenn der Tag
in die Nacht überfließt
und die Sonne
die Welt von unten bescheint:
In diesem Licht
scheinen Wunder möglich.

Elfen umtanzen die Straßenlaternen
im Takt der Sterne,
der Kobold auf dem Beifahrersitz
erzählt von Stein und Erde
und weist mir den Weg
in das Blau hinauf.

Hinter der Hügelkuppe
taucht die Straße in ein silbernes Tal
das weiter reicht
als der Augen Blick,
nur ein Wunder von vielen
unter schwarzblauem Himmel.

St. Foillan, Aachen

Eigentlich
wollte ich ein Gedicht schreiben
über das fabelhafte rot-orange Pastell-dunkel-Lila
des Abendhimmels
doch keine Worte malen diese Farben.
Willst du es fühlen:
Geh hinaus und sieh selbst!

Sonnenuntergang in Würselen

Drielandenpunt

Am höchsten Punkt
dieses flachen Landes
wachen sie über den Vaalser Berg:

Unberührt vom Wechsel
der Länder und Jahrzehnte,
am Treffpunkt dreier Staaten
und ungezählter Menschen,
verbinden die Grenzsteine heute
was sie einmal trennten.

Drielandenpunt

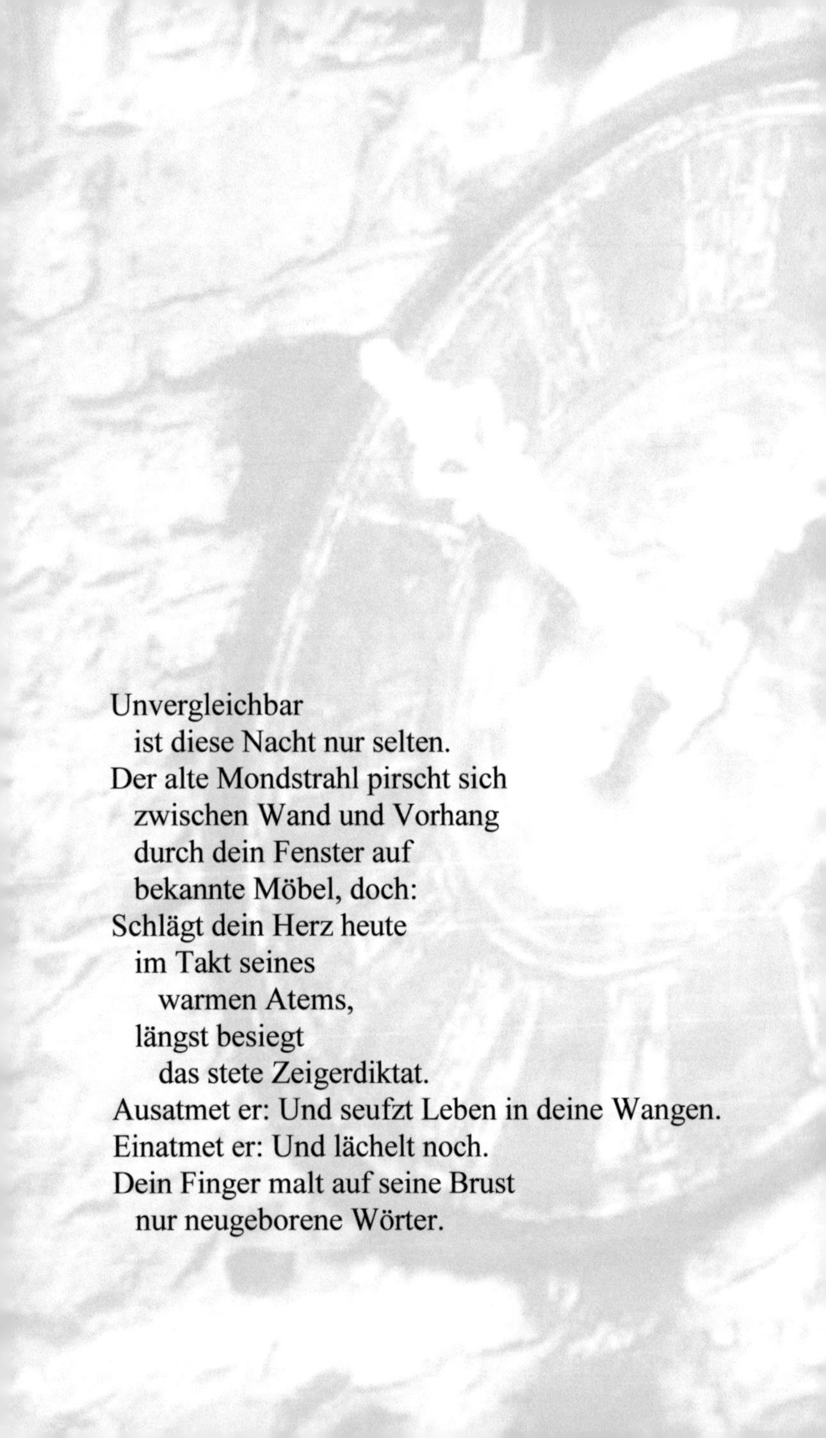

Unvergleichbar
ist diese Nacht nur selten.
Der alte Mondstrahl pirscht sich
zwischen Wand und Vorhang
durch dein Fenster auf
bekannte Möbel, doch:
Schlägt dein Herz heute
im Takt seines
warmen Atems,
längst besiegt
das stete Zeigerdiktat.
Ausatmet er: Und seufzt Leben in deine Wangen.
Einatmet er: Und lächelt noch.
Dein Finger malt auf seine Brust
nur neugeborene Wörter.

Alter Friedhof Kornelimünster

Himmel ist heute aus
sagt der Kellner
der ein paar halbgare Träume anrichtet
vorsichtshalber flambiert
um die Farbe der
fehlenden Gewürze zu überdecken

Wieder einer dieser Tage:
da lohnt es nicht aufzustehen
und die Vorhänge zurückzuziehen
auf denen dezente Blumen
dem Baum draußen Konkurrenz machen
eintönig vielleicht, doch wenigstens zuverlässig
auch an einem Tag ganz ohne Himmel

Sommerhimmel in Würselen

Bandbreiten

So kennst du mich.
Jambus, Trochäus,
Daktylus oder Anapäst
sorgsam anordnend,
stets bedacht auf
korrekte Grammatik
und Interpunktion.

Aber Tage gibt es,
da wehrt sich
mein Leben dagegen,
in Reime gepresst zu
werden
da lebe ich einfach
ohne Punkt und
Komma und vergesse
manchmal
sogar großschreibung
grammatik und selbst
wortundsilben
trennungundkannnurh
offendassdudennoc
hweiterliest

auch wenn es vielleicht
ein wenig
schwerer ist

Büchel, Aachen

Begegnung am Moorsee

Mit schwarzem Sumpf verschmolzen
durchglänzt ihr Panzer
die späte Stunde.
Ungerührte Augen
überblicken den stummen Betrachter.
Ein Tropfen rollt von ihrem Kinn,
ein zweiter –
mehr als genug Bewegung
an diesem alten Tag.

Rabental, Aachen

Wenn der Drache erwacht

An manchen Tagen zittert die Erde
doch noch ist der Drache nicht erwacht.

Das Dorf wächst weiter und weiter,
in jeder Generation
näher an den Hügel heran
unter dem der Drache lebt.

Legenden verlieren ihren Schrecken,
werden sie oft genug erzählt.
Wer weiß schon
ob sein Blick tödlich war
sein Brüllen die Berge erzittern ließ
und sein Atem die Sonne verdeckte,
und ob überhaupt der Drache schuld ist
wenn an manchen Tagen die Erde zittert.

Noch ist der Drache nicht erwacht
doch schneller und schneller schlägt sein Herz.

Kaiserstraße, Würselen

Brennnesseln

Es gab sie
die Tage
an denen wir
als Kinder
auf einem verwilderten Grundstück
zwischen Gräsern und Nesseln
zwischen Wacholder und Pappeln
und in jedem Zaun ein Loch –
Wo wir Piraten waren
die Ozeane auf
verrotteten Baumstümpfen durchquerten
oder Indianer
oder Forscher
oder Abenteurer
oder manchmal auch
nur wir selbst
und es dennoch genossen –
Ich erinnere mich
nicht genau.
Als ich zurückkehrte
an die Orte unserer Kindheit
und dort entlangging
zwischen Häuserwänden
zwischen Straßen und
korrekt geschnittenen Rasen
weinte ich keine Träne
um die Löcher in
den Zäunen einer Zeit
die es wohl irgendwann
einmal gab

Rabental, Aachen

wie dereinst venus
entsteigt die sonne
den schäumenden fluten

der wind reicht ihr
einen wolkenmantel
wenn sie zu den göttern aufsteigt

und wieder hinabsinkt
in ein anderes meer,
wiedergeboren tag für tag

Triebelsstraße, Aachen

Zwischen Disteln und Mohn
hängt warmer Wiesenduft
Bienen auf gelbem Klee

Galmeiveilchen am Schlangenberg, Stolberg

Immer mutiger
wachsen Grashalme
in diesen Tagen
durch Lücken im Kopfsteinpflaster empor –
manche werden zertreten
viele durch Gifte zerstört
doch harren einige aus
gestärkt durch alle Rückschläge
bestärkt in ihrem Wunsch
vielleicht eines fernen Tages
über die Steine hinauszuwachsen.

Stillgelegtes Bahngleis in Aachen-Rothe Erde

In diesem Meer
aus trauernden Steinen,
die dem mürben Himmel
kaum Halt bieten,
wacht ein beharrliches Fenster –
Leuchtturm und Auge zur Welt

Domkeller, Aachen

Mediterrane Reise

die südlichen Orte
auf die Küstenstraße gefädelt
tragen alle den gleichen Namen
und lassen meiner Ankunft keinen Platz.

doch einmal: eine halbhohe Sonne lud zur Rast
zwischen Ameisen und Glockenblumen,
die vergessene Decke war schon alt
und wärmt den Baumstumpf sicher vortrefflich;

oder auch: Philomela sang.
Das durchklungene Tal zu meinen Füßen
verbarg den Vogel in Baumkronen bis
eine spätere Nacht die Stimme verlöschte;

und gestern erst: am Straßenrand
Platz gerade für einen Wagen,
die Klippen herauf tanzten
junge Sylphen mir wispernd entgegen:

an guten Tagen
beliebig viel Leben dazwischen
und alles
worüber zu schweigen sich lohnt

Försterstraße, Aachen

dieser mittag
ist eine geschichte wert:

halbhohe sonnenstrahlen
zwingen das lindenblatt
erst nach minuten zu boden,

zwei bänke weiter
flattert eine zeitung
in schlafwarmen händen,

die aufdringliche wespe
landet unbeirrt
auf meinem frischen baguette:

noch wehrt sich der sommer.

Wurmbach, Aachen

reist du
ganz ohne Karte
in meinen unverblümten Kern
erkennst du
dort: flosselt eine Geschichte
über kieselglatten Grund
und schon vorbei
an deinem unaufhaltlichen Blick

Karlsbrunnen, Aachen

Andrea Tillmanns, geboren in Grevenbroich, lebt in Ostwestfalen-Lippe und arbeitet hauptberuflich als Hochschullehrerin. Sie schreibt seit vielen Jahren Gedichte, Kurzgeschichten und Romane in den verschiedensten Genres.
Weitere Informationen sind auf ihrer Website *www.andreatillmanns.de* zu finden.